مدرسه - mokykla	2
سفر - kelionė	5
حمل و نقل - transportas	8
شهر - miestas	10
چشم انداز - kraštovaizdis	14
رستوران - restoranas	17
سوپرمارکت - prekybos centras	20
نوشیدنی ها - gėrimai	22
غذا - maistas	23
مزرعه - ūkininko ūkis	27
خانه - namas	31
اتاق نشیمن - svetainė	33
آشپزخانه - virtuvė	35
حمام - vonios kambarys	38
اتاق بچه - vaiko kambarys	42
لباس - drabužis	44
اداره - biuras	49
اقتصاد - ekonomika	51
مشاغل - profesijos	53
ابزارآلات - įrankiai	56
آلات موسیقی - muzikos instrumentai	57
باغ وحش - zoologijos sodas	59
ورزش ها - sportas	62
فعالیت ها - užsiėmimai	63
خانواده - šeima	67
بدن - kūnas	68
بیمارستان - ligoninė	72
موقعیت اضطراری - nelaimingas atsitikimas	76
کره زمین - Žemė	77
ساعت - laikrodis	79
هفته - savaitė	80
سال - metai	81
اشکال - formos	83
رنگ ها - spalvos	84
متضاد ها - priešingos reikšmės žodžiai	85
اعداد - skaičiai	88
زبان ها - kalbos	90
چه کسی / چه چیزی / چگونه - kas / ką / kaip	91
کجا - kur	92

Impressum
Verlag: BABADADA GmbH, Nedderfeld 112 , 22529 Hamburg
Geschäftsführer / Verlagsleitung: Harald Hof
Druck: Books on Demand GmbH, In de Tarpen 42, 22848 Norderstedt

Imprint
Publisher: BABADADA GmbH, Nedderfeld 112 , 22529 Hamburg, Germany
Managing Director / Publishing direction: Harald Hof
Print: Books on Demand GmbH, In de Tarpen 42, 22848 Norderstedt, Germany

مدرسه

mokykla

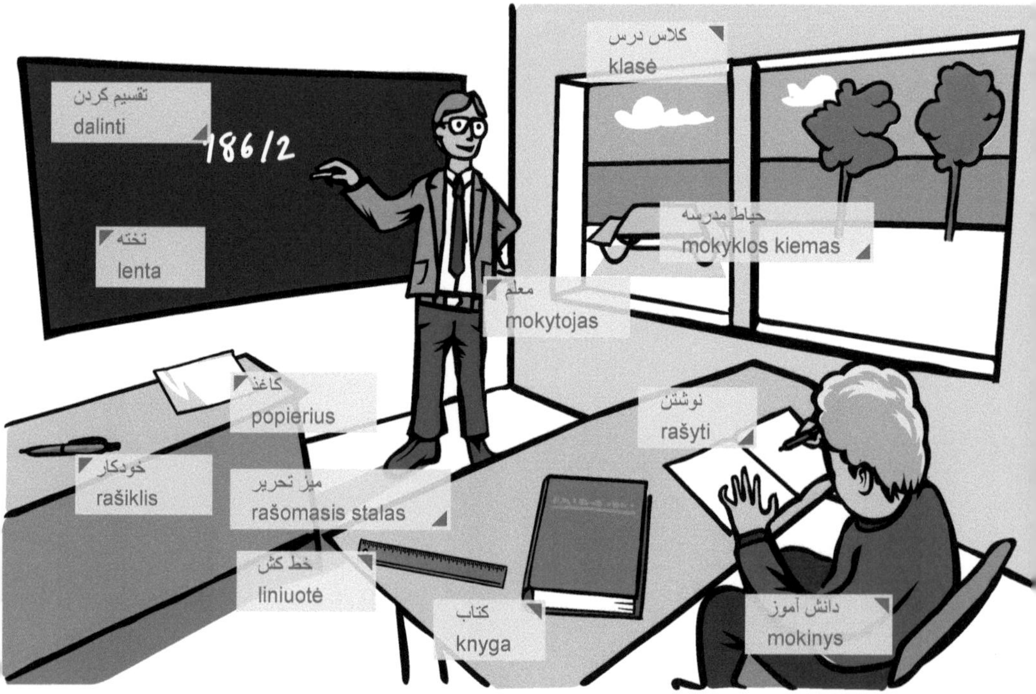

کلاس درس
klasė
تقسیم کردن
dalinti
186/2
حیاط مدرسه
mokyklos kiemas
تخته
lenta
معلم
mokytojas
کاغذ
popierius
نوشتن
rašyti
خودکار
rašiklis
میز تحریر
rašomasis stalas
خط کش
liniuotė
کتاب
knyga
دانش آموز
mokinys

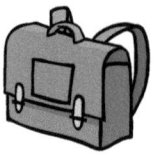

کیف مدرسه

kuprinė

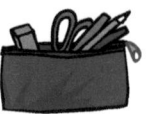

جامدادی

penalas

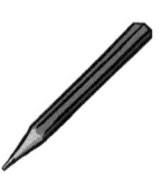

مداد

pieštukas

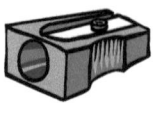

تراش

drožtukas

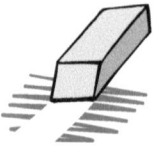

پاک کن

trintukas

دفتر رسم

piešimo bloknotas

طراحی

piešinys

قلم مو

teptukas

جعبه ی أبرنگ

dažų dėžutė

قیچی

žirklės

چسب

klijai

کتاب تمرین

vadovėlis

تکلیف خانه

namų darbai

12

رقم

numeris

2+2

جمع کردن

pridėti

5-2

تفریق کردن

atimti

2×2

ضرب کردن

dauginti

محاسبه کردن

skaičiuoti

A

حرف الفبا

raidė

ABCDEFG HIJKLMN OPQRSTU VWXYZ

الفبا

abėcėlė

hello

کلمه

žodis

متن

tekstas

خواندن

skaityti

گچ

kreida

درس

pamoka

ثبت نام

dienynas

امتحان

egzaminas

مدرک رسمی

pažymėjimas

لباس مدرسه

mokyklinė uniforma

تحصیلات

išsilavinimas

دانشنامه

enciklopedija

دانشگاه

universitetas

میکروسکوپ

mikroskopas

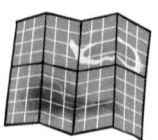

نقشه

žemėlapis

سبد کاغذ باطله

šiukšliadėžė

سفر
kelionė

هتل
viešbutis
Grand
مسافرخانه
svečių namai
ROOMS
CHANGE
صرافی
valiutos keitykla
چمدان
lagaminas
اتومبیل
mašina

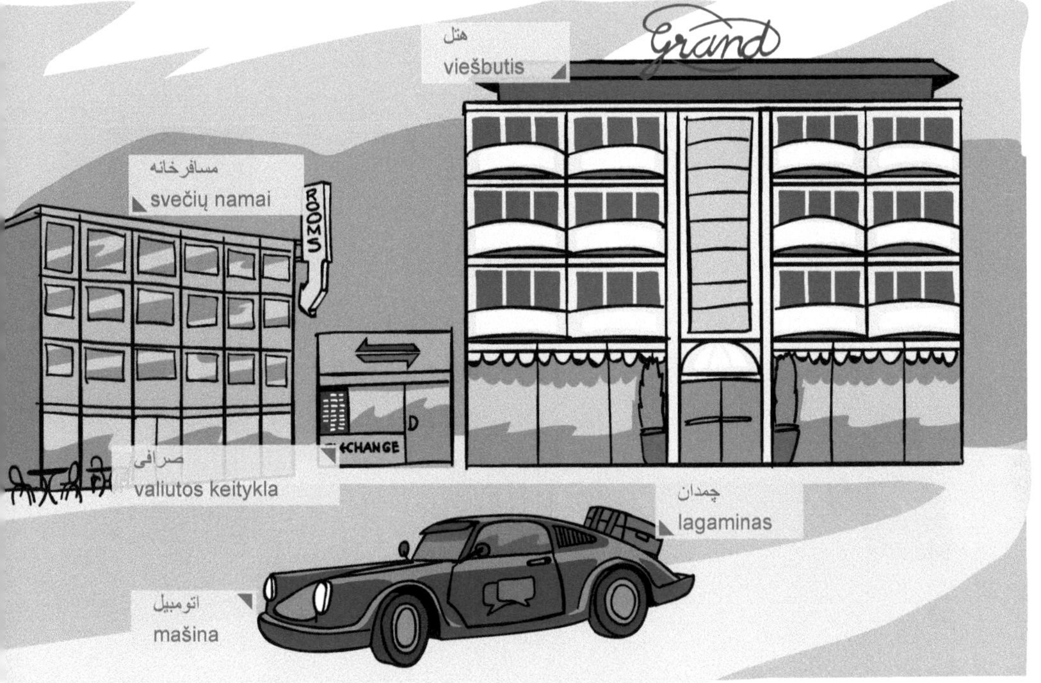

زبان
....
kalba

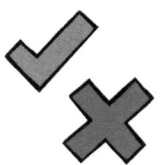

بله / خیر
....
taip / ne

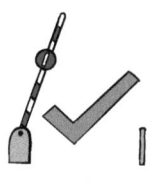

اُکی
....
Gerai

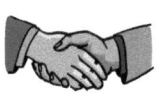

سلام
....
sveiki

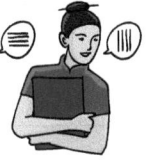

مترجم
....
vertėjas raštu

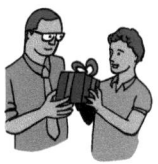

ممنون
....
Ačiū

قیمت ... چه قدر است؟

kiek kainuoja...?

من متوجه نمی شوم

aš nesuprantu

مشکل

problema

عصر بخیر! / شب بخیر!

Labas vakaras!

صبح بخیر!

Labas rytas!

شب بخیر!

Labos nakties!

خداحافظ

viso gero

جهت

kryptis

بار سفر

bagažas

کیف

krepšys

کوله پشتی

kuprinė

مهمان

svečias

اتاق

kambarys

کیسه خواب

miegmaišis

خیمه

palapinė

مرکز راهنمای گردشگران

turizmo informacija

ساحل

paplūdimys

کارت اعتباری

kreditinė kortelė

صبحانه

pusryčiai

نهار

pietūs

شام

vakarienė

بلیط

bilietas

آسانسور

liftas

مهر

pašto ženklas

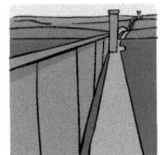

مرز

siena

گمرک

muitinė

سفارتخانه

ambasada

ویزا

viza

گذرنامه

pasas

حمل و نقل

transportas

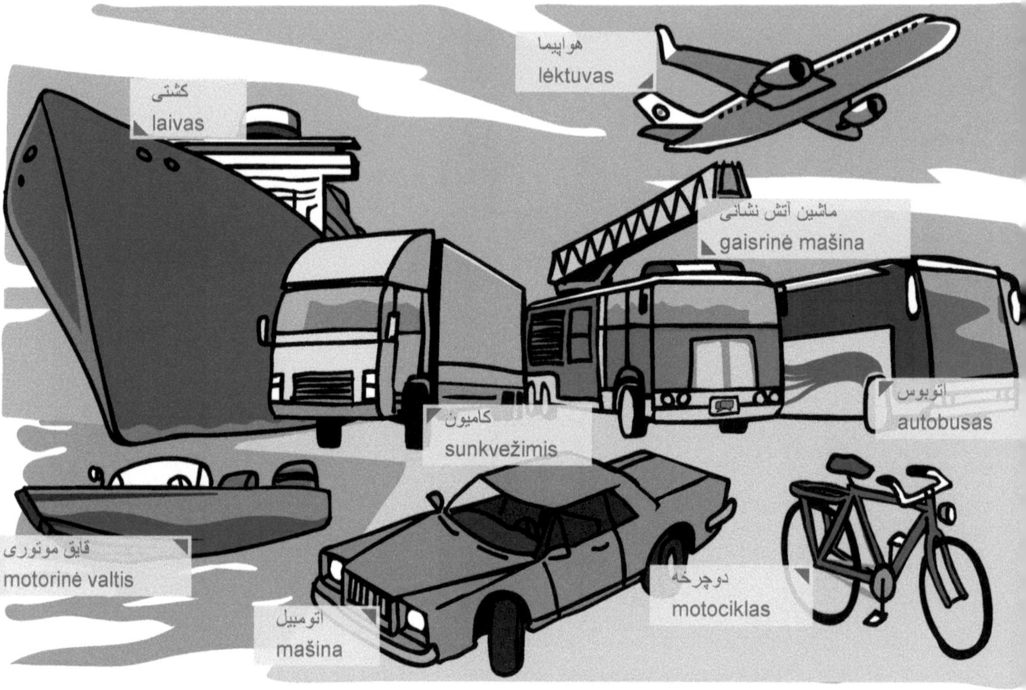

هواپیما
lėktuvas
کشتی
laivas
ماشین آتش نشانی
gaisrinė mašina
اتوبوس
autobusas
کامیون
sunkvežimis
قایق موتوری
motorinė valtis
دوچرخه
motociklas
اتومبیل
mašina

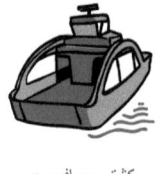

کشتی مسافربری

keltas

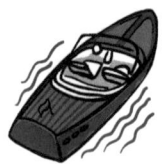

قایق

valtis

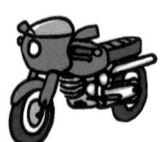

موتورسیکلت

mopedas

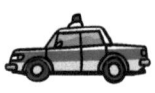

ماشین پلیس

policijos automobilis

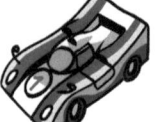

ماشین مسابقه

lenktyninis automobilis

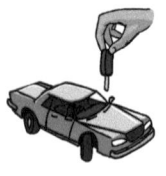

ماشین کرایه ای

nuomojamas automobilis

به اشتراک گذاری اتوموبیل

bendras automobilio
naudojimas

جرثقیل

techninės pagalbos
automobilis

ماشین حمل زباله

šiukšliavežė

موتور

variklis

بنزین

degalai

پمپ بنزین

degalinė

تابلو راهنمایی و رانندگی

kelio ženklas

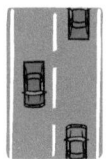

عبور و مرور

eismas

ترافیک

eismo spūstis

پارکینگ

mašinų stovėjimo aikštelė

ایستگاه قطار

traukinių stotis

ریل راه آهن

bėgiai

قطار

traukinys

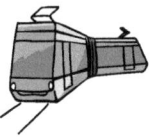

قطار برقی

tramvajus

واگن

vagonas

هليكوپتر

sraigtasparnis

فرودگاه

oro uostas

برج

bokštas

مسافر

keleivis

كانتينر

konteineris

كارتن

dėžė

گاری

vežimėlis

سبد

krepšys

به پرواز درآمدن / فرود آمدن

pakilti / nusileisti

شهر

miestas

دهکده

kaimas

مرکز شهر

miesto centras

خانه

namas

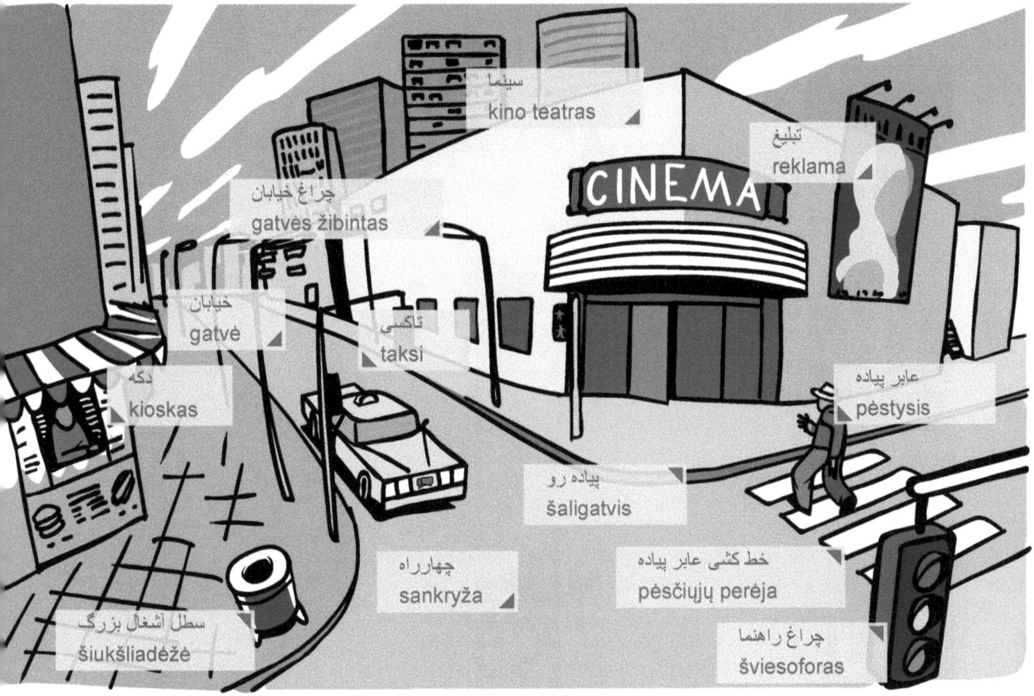
سینما
kino teatras
تبلیغ
reklama
CINEMA
چراغ خیابان
gatvės žibintas
خیابان
gatvė
تاکسی
taksi
دکه
kioskas
عابر پیاده
pėstysis
پیاده رو
šaligatvis
چهارراه
sankryža
خط کشی عابر پیاده
pėsčiųjų perėja
سطل آشغال بزرگ
šiukšliadėžė
چراغ راهنما
šviesoforas

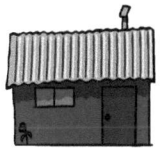

کلبه

trobelė

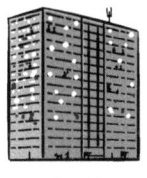

آپارتمان

butas

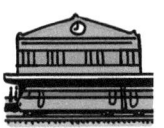

ایستگاه قطار

traukinių stotis

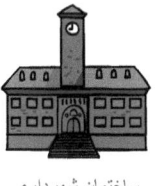

ساختمان شهرداری

rotušė

MUSEUM

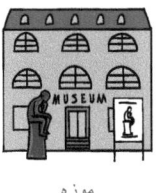

موزه

muziejus

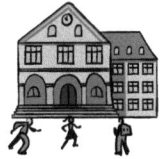

مدرسه

mokykla

دانشگاه

universitetas

بانک

bankas

بیمارستان

ligoninė

هتل

viešbutis

داروخانه

vaistinė

اداره

biuras

کتابفروشی

knygynas

مغازه

parduotuvė

گل فروشی

gėlių parduotuvė

سوپرمارکت

prekybos centras

بازار

turgus

فروشگاه بزرگ

universalinė parduotuvė

ماهی فروش

žuvies parduotuvė

مرکز خرید

prekybos centras

بندر

uostas

پارک

parkas

نیمکت

suoliukas

پل

tiltas

پله

laiptai

مترو

metro

تونل

tunelis

ایستگاه اتوبوس

autobusų stotelė

میخانه

baras

رستوران

restoranas

صندوق پست

lauko pašto dėžutė

تابلوی خیابان

kelio ženklas

دستگاه پارکومتر

parkomatas

باغ وحش

zoologijos sodas

استخر شنای عمومی

baseinas

مسجد

mečetė

مزرعه

ūkininko ūkis

آلودگی محیط زیست

tarša

قبرستان

kapinės

کلیسا

bažnyčia

زمین بازی

žaidimų aikštelė

معبد

šventykla

چشم انداز

kraštovaizdis

برگ
lapas

تابلوی راهنمای مسیر
kelio rodyklė

راه
kelias

چمنزار
pieva

سنگ
akmuo

درخت
medis

راه نورد
ėjikas

رودخانه
upė

درخت
medis

چمن
žolė

گل
gėlė

دره

slėnis

تپه

kalva

دریاچه

ežeras

جنگل

miškas

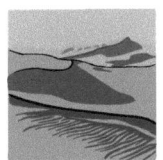

بیابان

dykuma

کوه آتشفشان

ugnikalnis

قلعه

pilis

رنگین کمان

vaivorykštė

قارچ

grybas

درخت نخل

palmė

پشه

uodas

مگس

musė

مورچه

skruzdėlė

زنبور

bitė

عنکبوت

voras

سوسک

vabalas

قورباغه

varlė

سنجاب

voverė

جوجه تیغی

ežys

خرگوش صحرایی

kiškis

جغد

pelėda

پرنده

paukštis

قو

gulbė

گراز

šernas

گوزن نر

elnias

گوزن شمالی

briedis

سد آب

užtvanka

توربین بادی

vėjo jėgainė

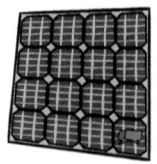

صفحه ی خورشیدی

saulės baterija

آب و هوا

klimatas

رستوران
restoranas

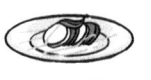

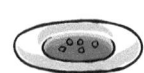

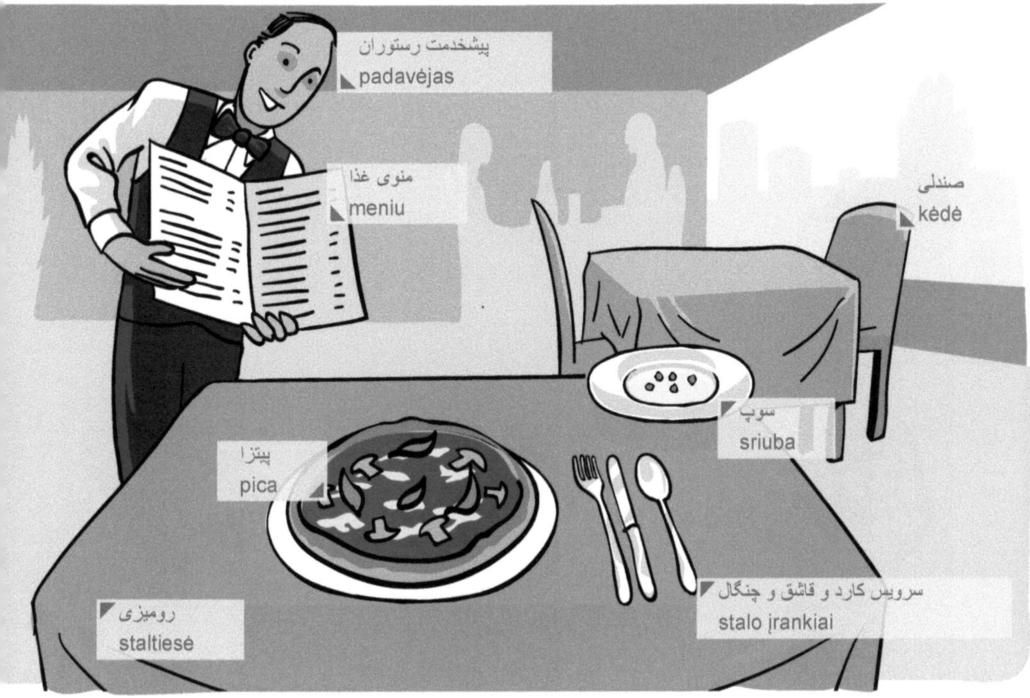
پیشخدمت رستوران
padavėjas
منوی غذا
meniu
صندلی
kėdė
سوپ
sriuba
پیتزا
pica
سرویس کارد و قاشق و چنگال
stalo įrankiai
رومیزی
staltiesė

پیش‌غذا
....
užkandis

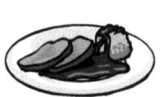

غذای اصلی
....
pagrindinis patiekalas

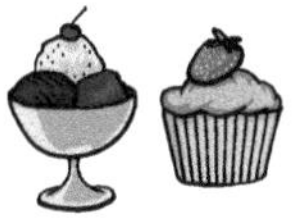

دسر
....
desertas

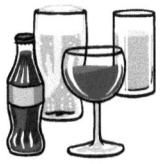

نوشیدنی ها
....
gėrimai

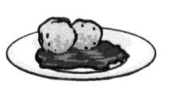

غذا
....
maistas

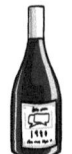

بطری
....
butelis

فست فود

greitai pateikiamas maistas

اغذیه خیابانی

gatvės maistas

قوری

arbatinukas

قندان

cukrinė

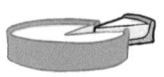

پُرس غذا

porcija

دستگاه اسپرسو

espreso aparatas

صندلی پایه بلند غذاخوری بچه

aukšta kėdė

صورتحساب

sąskaita

سینی

padėklas

چاقو

peilis

چنگال

šakutė

قاشق

šaukštas

قاشق چایخوری

arbatinis šaukštelis

دستمال سفره

servetėlė

لیوان

stiklinė

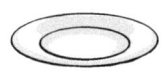

بشقاب

lėkštė

بشقاب سوپخوری

sriubos lėkštė

نعلبکی

padėklas

سس

padažas

نمکدان

druskinė

فلفل ساب

pipirų malūnėlis

سرکه

actas

روغن خوراکی

aliejus

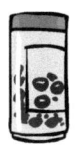

ادویه جات

prieskoniai

سس کچاپ

kečupas

سس خردل

garstyčios

سس مایونز

majonezas

سوپرمارکت

prekybos centras

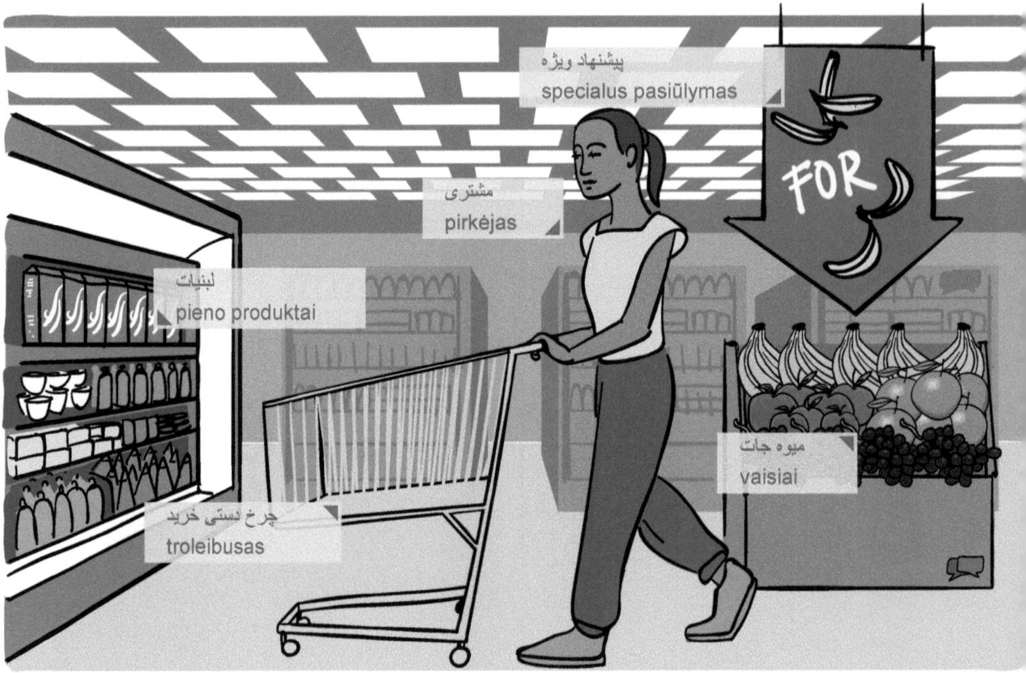

پیشنهاد ویژه
specialus pasiūlymas
FOR
مشتری
pirkėjas
لبنیات
pieno produktai
میوه جات
vaisiai
چرخ دستی خرید
troleibusas

BUTCHERS

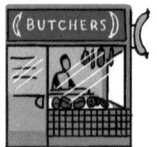

قصابی

....

mėsos parduotuvė

BAKERY

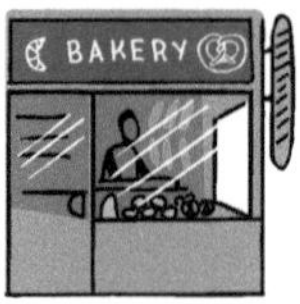

نانوایی

....

kepykla

وزن کردن

....

sverti

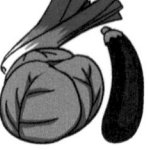

سبزیجات

....

daržovės

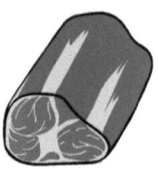

گوشت

....

mėsa

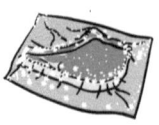

غذای منجمد

....

šaldytas maistas

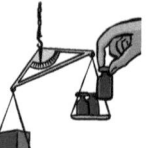

مخلوطی از انواع کالباس یا پنیر که
ورقه ای بریده شده باشند
....
šalti mėsos užkandžiai

غذای کنسروی
....
konservai

پودر لباسشویی
....
skalbimo milteliai

شیرینی جات
....
saldumynai

لوازم خانگی
....
ūkinės prekės

ماده شوینده و پاک کننده
....
valymo priemonės

فروشنده
....
pardavėja

صندوق پرداخت
....
kasos aparatas

صندوقدار
....
kasininkas

لیست خرید
....
pirkinių sąrašas

ساعات کار
....
darbo valandos

کیف پول
....
piniginė

کارت اعتباری
....
kreditinė kortelė

کیف
....
maišelis

کیسه ی پلاستیکی
....
plastikinis maišelis

آب
....
vanduo

آبمیوه
....
sultys

شیر
....
pienas

نوشابه کوکاکولا
....
kola

شراب
....
vynas

آبجو
....
alus

الکل
....
alkoholis

کاکائو
....
kakava

چای
....
arbata

قهوه
....
kava

قهوه اسپرسو
....
espresas

کاپوچینو
....
kapučinas

موز

bananas

سیب

obuolys

پرتقال

apelsinas

انواع هندوانه و خربزه

arbūzas

لیمو

citrina

هویج

morka

سیر

česnakas

نی بامبو

bambukas

پیاز

svogūnas

قارچ

grybas

آجیل

riešutai

ماکارونی

makaronai

اسپاگتی

spagečiai

برنج

ryžiai

سالاد

salotos

سیب زمینی سرخ کرده

traškučiai

سیب زمینی سرخ شده

keptos bulvės

پیتزا

pica

همبرگر

mėsainis

ساندویچ

sumuštinis

شنیتسل

pjausnys

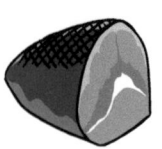

ژامبون خوک

kumpis

سالامی

saliamis

سوسیس

dešrelė

مرغ

vištiena

نوعی گوشت سرخ شده

kepsnys

ماهی

žuvis

جوی پرک شده

avižų dribsniai

نوعی صبحانه مخلوطی از برگه ذرت و
میوه های خشک شده و خشکبار که
معمولا با شیر خورده می شود

dribsniai su priedais

کورن‌فلکس

kukurūzų dribsniai

آرد

miltai

کرواسان

prancūziškasis ragelis

نان بروتشن

bandelė

نان

duona

نان تست

skrebutis

بیسکویت

sausainiai

کره

sviestas

کشک

varškė

کیک

tortas

تخم مرغ

kiaušinis

تخم مرغ نیمرو

kiaušinienė

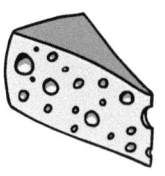

پنیر

sūris

بستنی

ledai

شکر

cukrus

عسل

medus

مربا

uogienė

کرم شکلاتی بادامی

tepamas šokoladas

ادویه کاری

karis

غذا - maistas

خانه ی مزرعه داران
sodyba

خرمن گاه
šieno kupeta

انبار غله
klėtis

مزرعه
laukas

اسب
arklys

ماشین یدک کش
priekaba

کره اسب
kumeliukas

تراکتور
traktorius

خر
asilas

گوسفند
avis

بره
ėriukas

بز
....
ožys

گاو ماده
....
karvė

گوساله
....
veršis

خوک
....
kiaulė

بچه خوک
....
paršelis

گاو نر
....
bulius

غاز

žąsis

اردک

antis

جوجه

viščiukas

مرغ

višta

خروس

gaidys

موش صحرایی

žiurkė

گربه

katė

موش

pelė

گاو نر اخته

jautis

سگ

šuo

لانه ی سگ

šuns būda

شلنگ باغبانی

sodo namas

آبپاش

laistytuvas

داس دسته بلند

dalgis

گاوآهن

plūgas

داس

pjautuvas

بیل کج

kauptukas

چنگک باغبانی

šakės

تبر

kirvis

فرقون

statinė

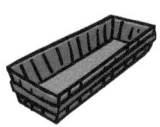

آبشخور

lovys

بطری نگهداری شیر

bidonas

کیسه

maišas

حصار

tvora

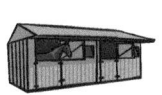

اصطبل

arklidė

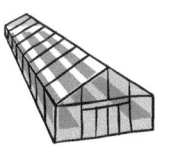

گلخانه

šiltnamis

خاک

dirva

بذر

sėkla

کود

trąšos

ماشین کمباین

kombainas

برداشت کردن محصول
....
rinkti

محصول
....
derlius

تمیس
....
saldžiosios bulvės

گندم
....
kviečiai

سویا
....
soja

سیب زمینی
....
bulvė

ذرت
....
kukurūzai

کلزا
....
rapsai

درخت میوه
....
vaismedis

گیاه مانیوک
....
manijokas

غلات
....
grūdai

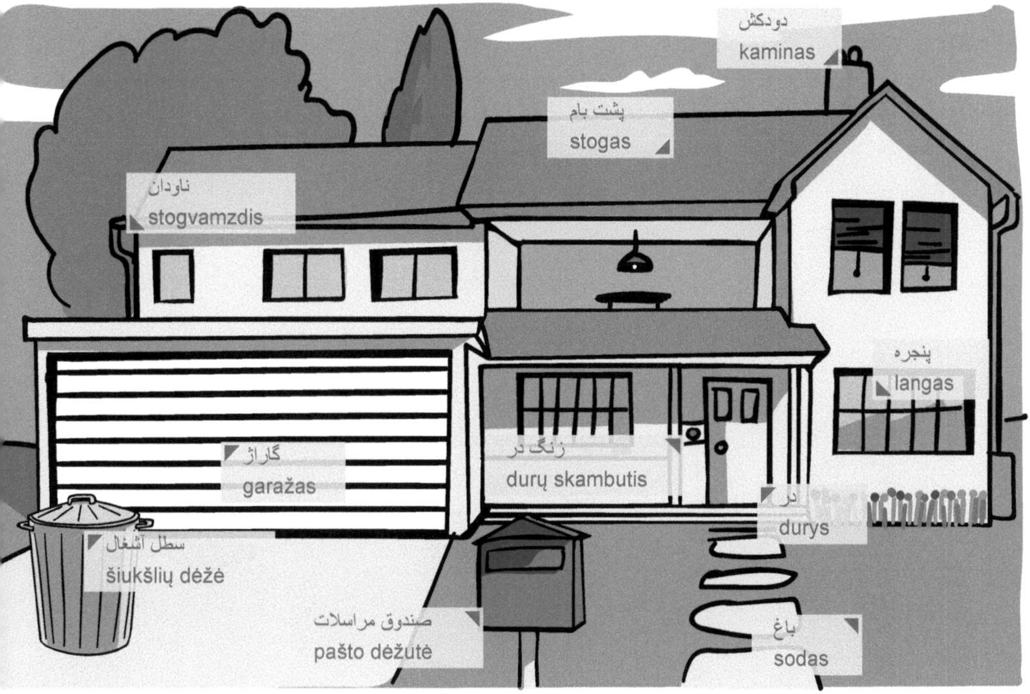

دودکش
kaminas

پشت بام
stogas

ناودان
stogvamzdis

پنجره
langas

گاراژ
garažas

زنگ در
durų skambutis

در
durys

سطل آشغال
šiukšlių dėžė

صندوق مراسلات
pašto dėžutė

باغ
sodas

اتاق نشیمن
svetainė

حمام
vonios kambarys

آشپزخانه
virtuvė

اتاق خواب
miegamasis

اتاق بچه
vaiko kambarys

ناهارخوری
valgomasis

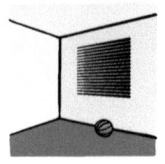

كف زمين

grindys

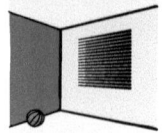

ديوار

siena

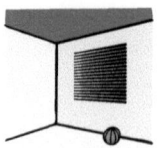

سَقف

lubos

زيرزمين

rūsys

سونا

sauna

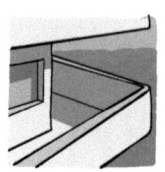

بالكن

balkonas

تراس

terasa

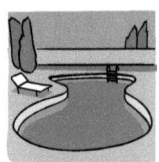

استخر

baseinas

ماشين چمنزنى

žoliapjovė

ملافه

paklodė

روتختى

lovatiesė

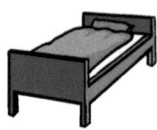

تخت خواب

lova

جارو

šluota

سطل

kibiras

سويچ يا كليد

jungiklis

اتاق نشیمن

svetainė

کاغذ دیواری
tapetai
عکس
nuotrauka
لامپ
šviestuvas
قفسه
lentyna
کابینت
spintelė
تلویزیون
televizorius
شومینه
židinys
گل
gėlė
کوسن
pagalvėlė
کاناپه
sofa
گلدان
vaza
کنترل تلویزیون و ویدئو و غیره
nuotolinio valdymo pultelis

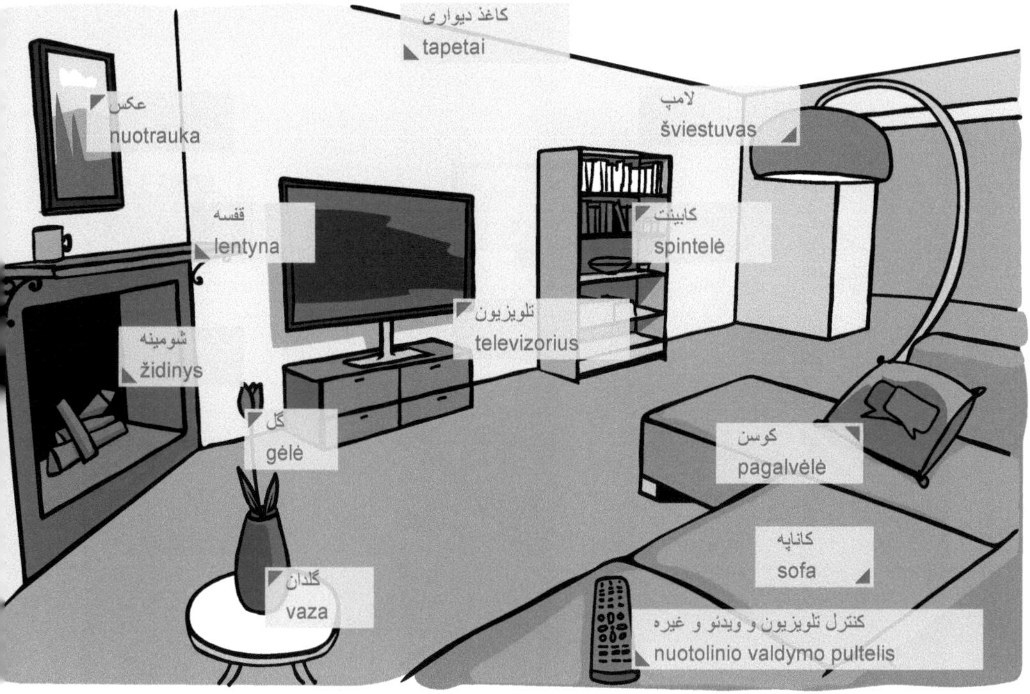

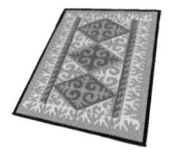

فرش

kilimas

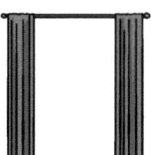

پرده

užuolaida

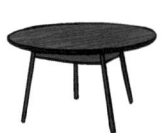

میز

stalas

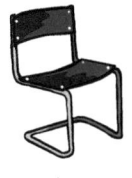

صندلی

kėdė

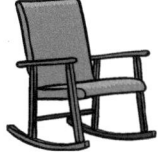

صندلی گهواره ایی

supamasis krėslas

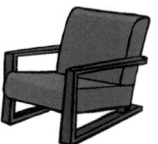

صندلی راحتی

fotelis

كتاب

knyga

لحاف

antklodė

دكوراسيون

papuošimai

هيزم

malkos

فيلم

filmas

دستگاه ضبط صوت

stereo aparatūra

كليد

raktas

روزنامه

laikraštis

تابلو نقاشى

paveikslas

پوستر

plakatas

راديو

radijas

دفترچه يادداشت

užrašų knygelė

جاروبرقى

dulkių siurblys

كاكتوس

kaktusas

شمع

žvakė

آشپزخانه

virtuvė

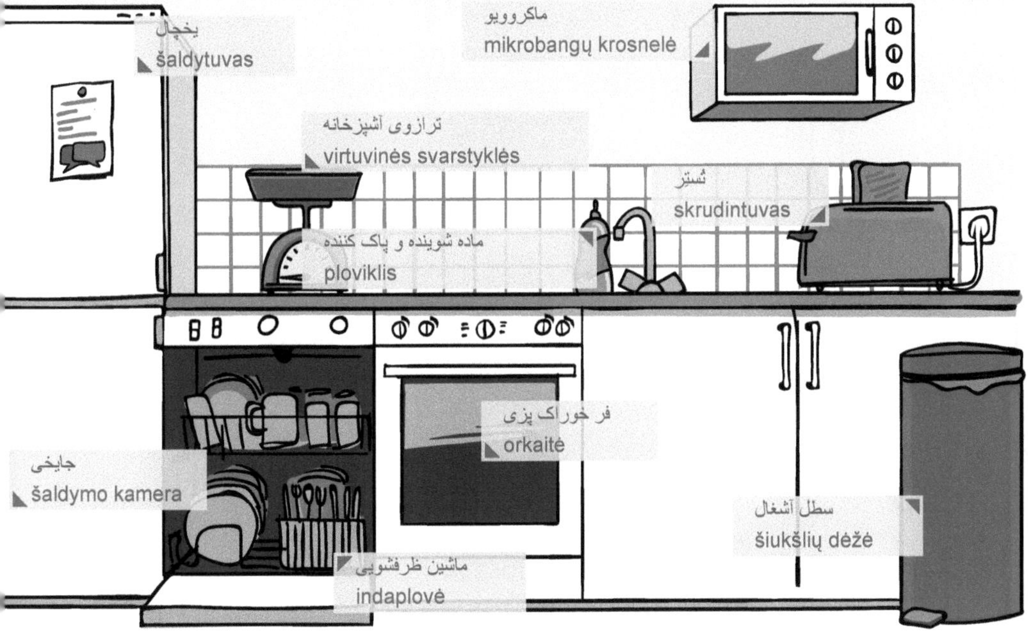
یخچال
šaldytuvas
ماکروویو
mikrobangų krosnelė
ترازوی آشپزخانه
virtuvinės svarstyklės
تُستر
skrudintuvas
ماده شوینده و پاک کننده
ploviklis
فر خوراک پزی
orkaitė
جایخی
šaldymo kamera
سطل آشغال
šiukšlių dėžė
ماشین ظرفشویی
indaplovė

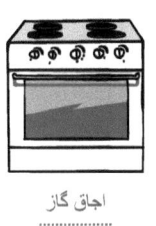

اجاق گاز

viryklė

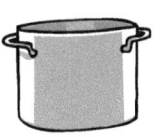

قابلمه

puodas

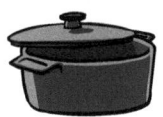

قابلمه چدنی

ketaus puodas

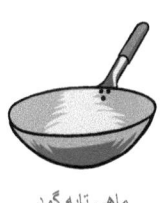

ماهی تابه گود

„wok“ keptuvė

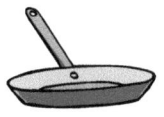

ماهی تابه

keptuvė

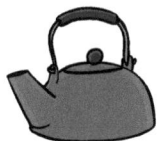

کتری

virdulys

بخارپز

garų puodas

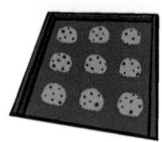

سینی فر

kepimo skarda

ظرف چینی آشپزخانه

porceliano indai

لیوان

puodelis

کاسه

dubuo

چاپستیک

valgomosios lazdelės

ملاقه

samtis

کفگیر

mentelė

همزن

plaktuvas

آبکش

koštuvas

آبکش

sietas

رنده

trintuvė

هاون

grūstuvė

باربیکیو

kepsninė

محل مخصوص افروختن آتش

atvira liepsna

تخته گوشت و سبزی

pjaustymo lentelė

وردنه

kočėlas

در بطری بازکن

kamščiatraukis

قوطی

skardinė

در قوطی بازکن

skardinių atidarytuvas

دستگیره پارچه ای

puodkėlė

سینک ظرفشویی

kriauklė

برس گردگیری

šepetys

اسفنج

kempinė

مخلوط کن

trintuvas

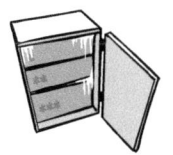

فریزر

šaldiklis

شیشه شیر بچه

kūdikių buteliukas

شیر آب

čiaupas

vonios kambarys

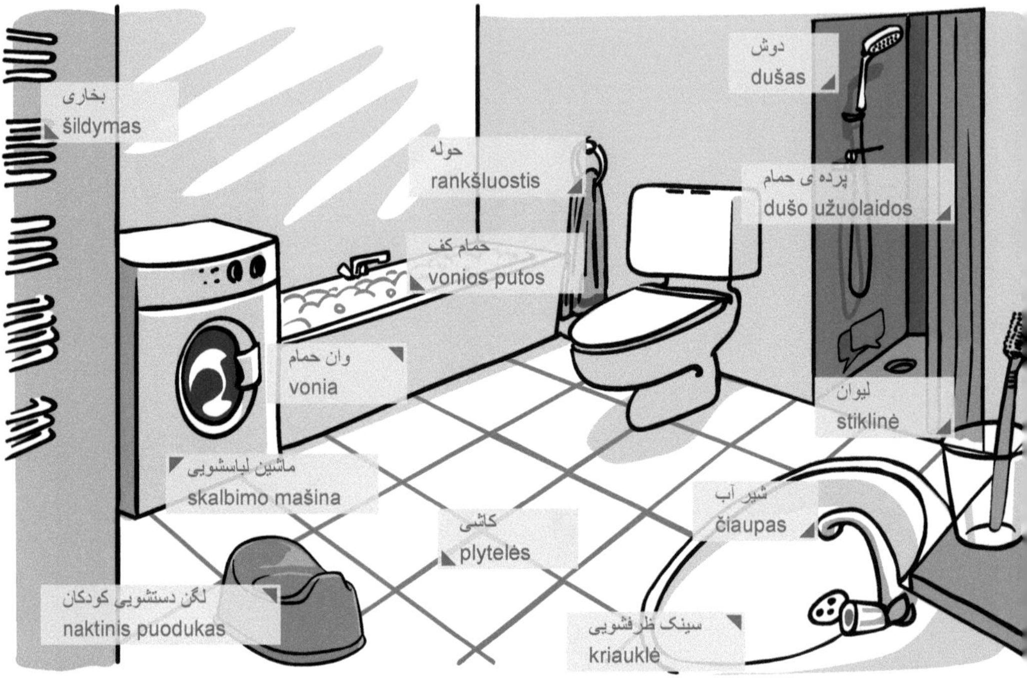

بخاری
šildymas

دوش
dušas

حوله
rankšluostis

پرده ی حمام
dušo užuolaidos

حمام کف
vonios putos

وان حمام
vonia

لیوان
stiklinė

ماشین لباسشویی
skalbimo mašina

کاشی
plytelės

شیر آب
čiaupas

لگن دستشویی کودکان
naktinis puodukas

سینک ظرفشویی
kriauklė

توالت	توالت ایرانی	کاسه توالت
unitazas	tupimasis unitazas	bidė
توالت مخصوص آقایان	دستمال توالت	فرچه توالت
pisuaras	tualetinis popierius	unitazo šepetys

مسواک

dantų šepetėlis

خمیردندان

dantų pasta

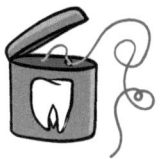

نخ دندان

dantų siūlas

شستن

plauti

دوش آب تلفنی

dušo galvutė

شلنگ توالت

higieninis dušas

لگن روشویی

praustuvas

برس شست و شوی پشت

nugaros plaušinė

صابون

muilas

شامپو بدن

dušo želė

شامپو

šampūnas

لیف حمام

plaušinė

راه آب

kanalizacija

کرم

kremas

اسپری دئودورانت

dezodorantas

آیینه

veidrodis

آیینه ی کوچک دستی

veidrodėlis

تیغ ریش تراشی

skustuvas

کف ریش‌تراشی

skutimosi putos

افترشیو

losjonas po skutimosi

شانه ی سر

šukos

برس

šepetys

سشوار

plaukų džiovintuvas

اسپری مو

plaukų lakas

آرایش

makiažas

برژل

lūpdažis

لاک ناخن

nagų lakas

پنبه

vata

قیچی ناخن

žirklutės nagams

عطر

kvepalai

کیف لوازم آرایشی و بهداشتی

maišelis skalbiniams

چهارپایه

taburetė

ترازو

svarstyklės

حوله ی پالتویی

chalatas

دستکش ظرفشویی

guminės pirštinės

تامپون

tamponas

نوار بهداشتی

higieninis įklotas

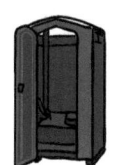

توالت سیار

biotualetas

اتاق بچه
vaiko kambarys

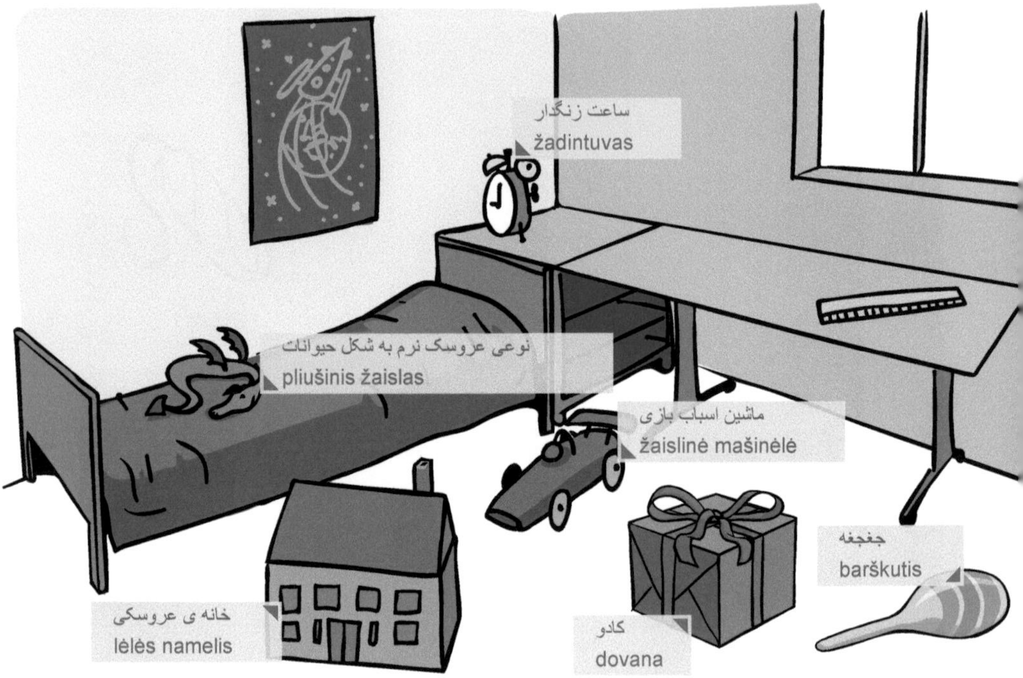

ساعت زنگدار
žadintuvas
نوعی عروسک نرم به شکل حیوانات
pliušinis žaislas
ماشین اسباب بازی
žaislinė mašinėlė
جغجغه
barškutis
خانه ی عروسکی
lėlės namelis
کادو
dovana

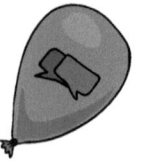

بادکنک

balionas

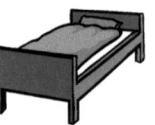

تخت خواب

lova

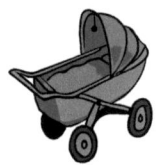

کالسکه بچه

vaikiškas vežimėlis

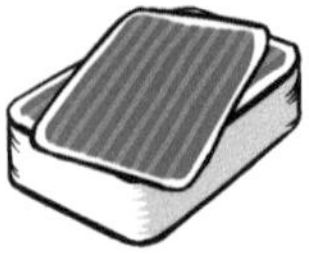

بازی ورق

kortų malka

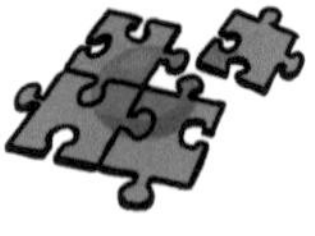

پازل

delionė

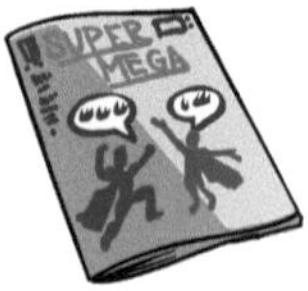

داستان مصور

komiksai

اسباب بازی لگو

lego kaladėlės

خانه سازی

žaislinės kaladėlės

عروسک شخصیت های فیلم و کارتون

figūrėlė

لباس نوزاد

šliaužtinukai

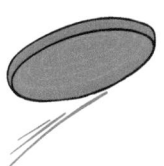

فریزبی

mėtymo lėkštė

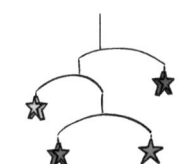

نوعی اسباب بازی که روی تخت نوزاد
یا کودک نصب می شود

karuselė

بازی روی صفحه

stalo žaidimas

تاس

kauliukai

قطار اسباب بازی

žaislinis traukinys

پستانک

žindukas

مهمانی

vakarėlis

کتاب مصور

paveiksliukų knygelė

توپ

kamuolys

عروسک

lėlė

بازی کردن

žaisti

جعبه شنی مخصوص بازی کودکان

smėlio dėžė

تاب

sūpynės

اسباب بازی

žaislai

کنسول بازی های کامپیوتری

žaidimų konsolė

سه چرخه

triratukas

خرس عروسکی

meškiukas

کمد لباس

drabužių spinta

لباس

drabužis

جوراب

kojinės

جوراب زنانه ساق بلند

kojinės virš kelių

جوراب شلواری

pėdkelnės

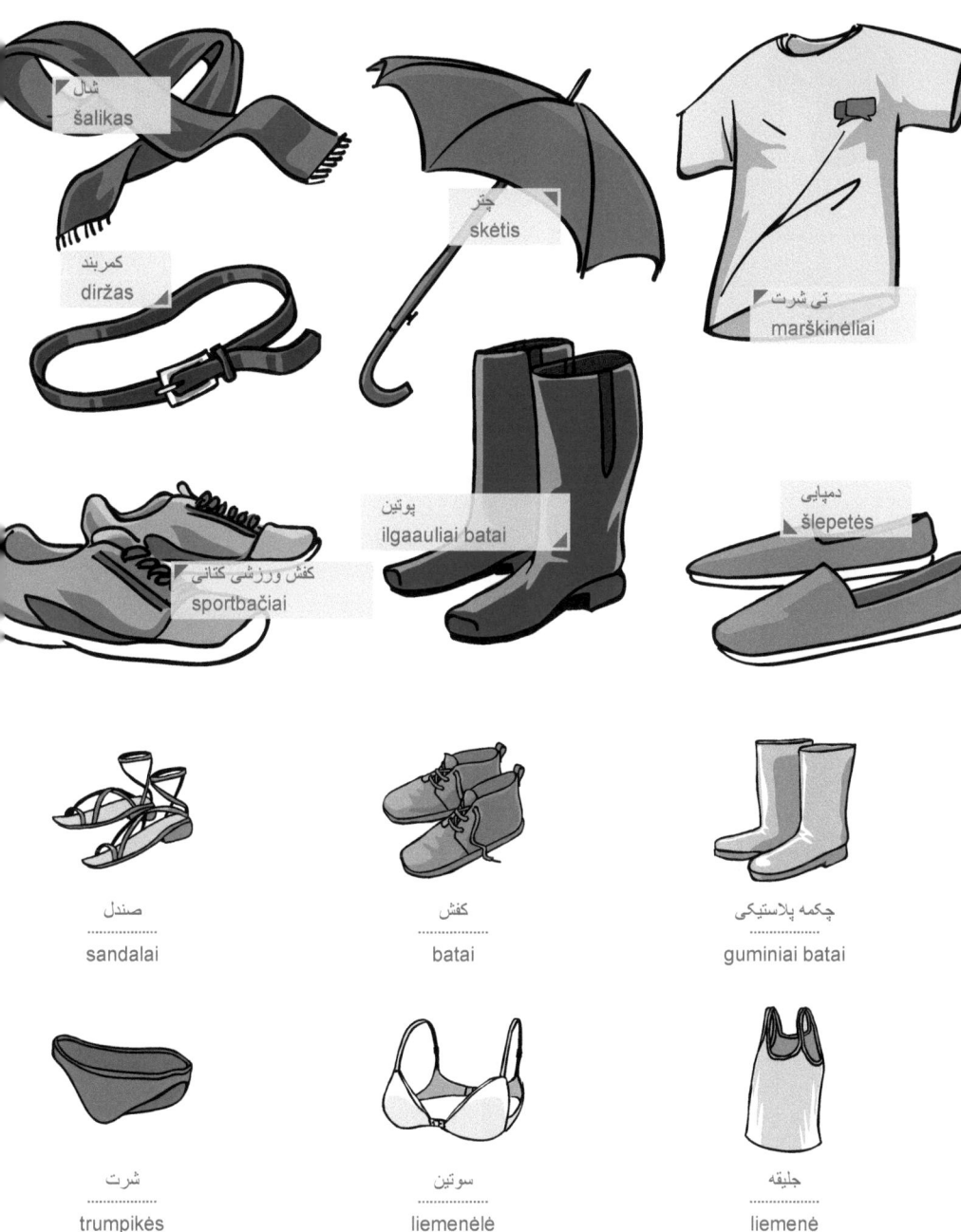

شال
šalikas

چتر
skėtis

تی شرت
marškinėliai

کمربند
diržas

پوتین
ilgauliai batai

دمپایی
šlepetės

کفش ورزشی کتانی
sportbačiai

صندل
sandalai

کفش
batai

چکمه پلاستیکی
guminiai batai

شرت
trumpikės

سوتین
liemenėlė

جلیقه
liemenė

بادی

glaustinukė

شلوار

kelnės

جین

džinsai

دامن

sijonas

بلوز

palaidinė

پیراهن

marškiniai

پولیور

megztinis

سویی شرتۍ

megztinis su gobtuvu

نوعی کت

švarkelis

ژاکت

švarkas

کت بلند

paltas

بارانی

lietpaltis

لباس نمایش

kostiumas

لباس

suknelė

لباس عروس

vestuvinė suknelė

کت و شلوار

kostiumas

لباس خواب زنانه

naktiniai marškiniai

پیژامه

pižama

ساری

saris

روسری

skarelė

عمامه

tiurbanas

برقَع

burka

قبا

kaftanas

عبا

abaja

لباس شنا

maudymosi kostiumėlis

شرت شنا

glaudės

شلوارک

šortai

لباس ورزشی

sportinis kostiumas

پیشبند

prijuostė

دستکش

pirštinės

دکمه

saga

عینک

akiniai

دستبند

apyrankė

گردنبند

vėrinys

انگشتر

žiedas

گوشواره

auskaras

کلاه لبه دار

kepurė

چوب لباسی

pakabas

کلاه

skrybėlė

کراوات

kaklaraištis

زیپ

užtrauktukas

کلاه ایمنی

šalmas

بند شلوار

breketai

لباس مدرسه

mokyklinė uniforma

لباس فرم

uniforma

48   لباس - drabužis

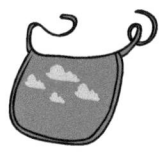

پیش بند بچه
....
seilinukas

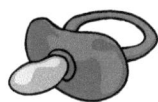

پستانک
....
žindukas

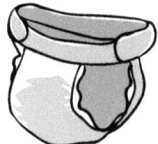

پوشک بچه
....
vystyklai

اداره

biuras

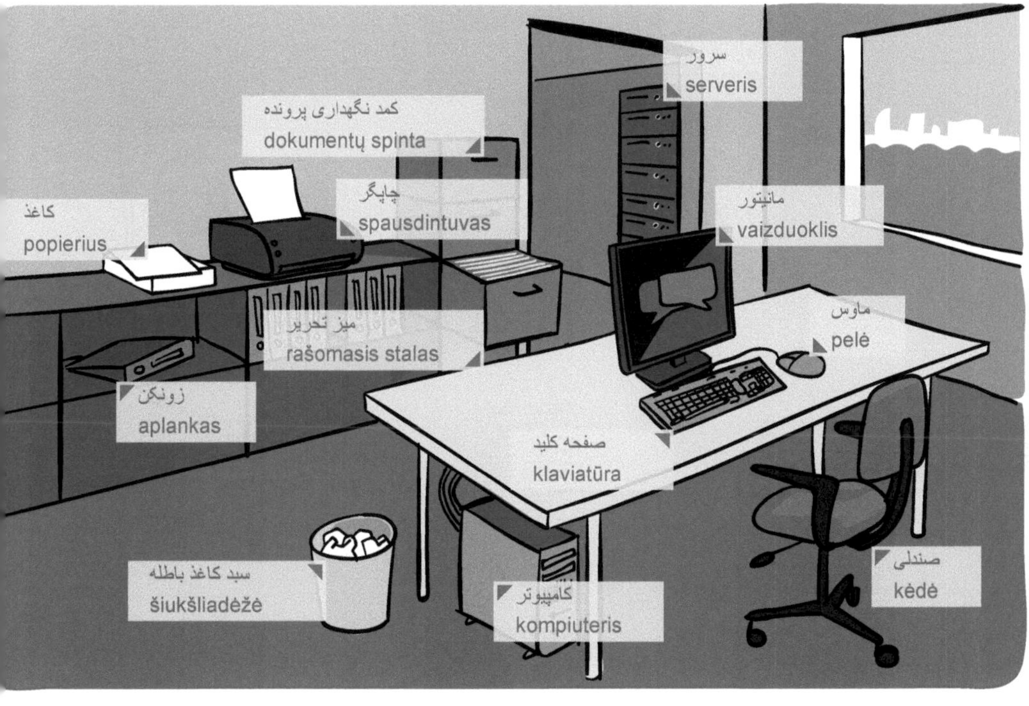

سرور
serveris
کمد نگهداری پرونده
dokumentų spinta
چاپگر
spausdintuvas
کاغذ
popierius
مانیتور
vaizduoklis
ماوس
pelė
میز تحریر
rašomasis stalas
زونکن
aplankas
صفحه کلید
klaviatūra
سبد کاغذ باطله
šiukšliadėžė
کامپیوتر
kompiuteris
صندلی
kėdė

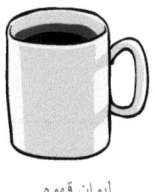

لیوان قهوه
....
kavos puodelis

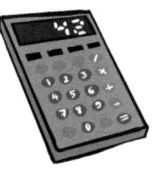

ماشین حساب
....
kalkuliatorius

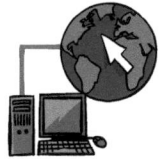

اینترنت
....
internetas

لپ تاپ

nešiojamasis kompiuteris

نامه

laiškas

پیغام

žinutė

تلفن همراه

mobilusis telefonas

شبکه ی ارتباطی

tinklas

دستگاه فتوکپی

fotokopijavimo aparatas

نرم افزار

programinė įranga

تلفن

telefonas

پریز

kištukinis lizdas

دستگاه فاکس

faksas

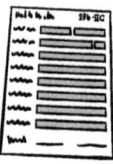

فرم

forma

مدرک

dokumentas

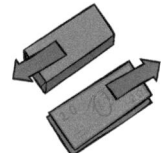

خریدن

pirkti

پرداخت کردن

mokėti

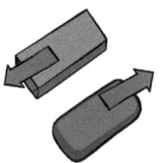

تجارت کردن

prekiauti

پول

pinigai

دلار

doleris

یورو

euras

ین

jena

روبل

rublis

فرانک سوئیس

Šveicarijos frankas

یوان رنمینبی

juanis

روپیه

rupija

دستگاه خودپرداز

bankomatas

صرافی

valiutos keitykla

طلا

auksas

نقره

sidabras

نفت

nafta

انرژی

energija

قیمت

kaina

قرارداد

sutartis

مالیات

mokestis

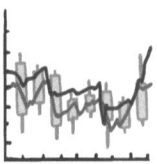

سهام سرمایه

akcijos

کار کردن

dirbti

کارمند

darbuotojas

کارفرما

darbdavys

کارخانه

gamykla

مغازه

parduotuvė

مشاغل

profesijos

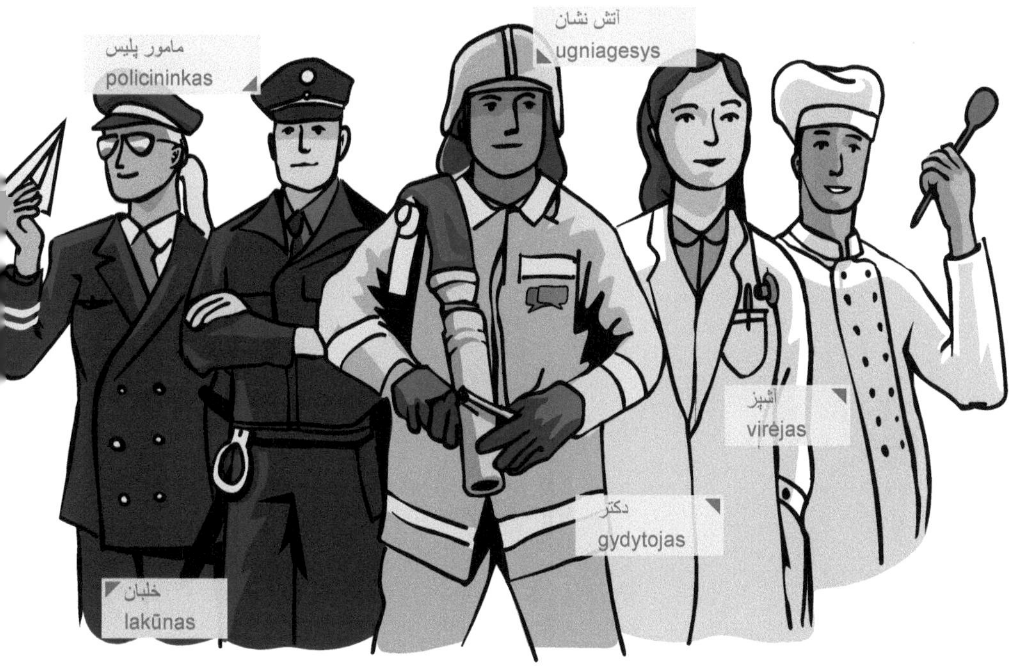

مامور پلیس
policininkas
آتش نشان
ugniagesys
آشپز
virėjas
دکتر
gydytojas
خلبان
lakūnas

باغبان

....

sodininkas

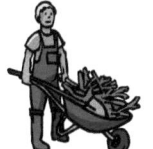

نجار

....

stalius

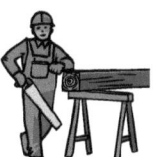

خیاط زنانه

....

siuvėja

قاضی

....

teisėjas

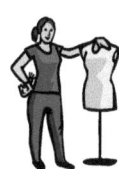

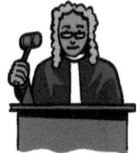

شیمیدان

....

chemikas

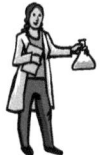

بازیگر

....

aktorius

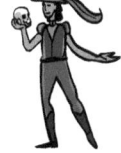

راننده اتوبوس

autobuso vairuotojas

راننده تاکسی

taksi vairuotojas

ماهیگیر

žvejys

نظافتچی زن

valytoja

سقف ساز

stogdengys

پیشخدمت رستوران

padavėjas

شکارچی

medžiotojas

نقاش

dailininkas

نانوا

kepėjas

برقکار

elektrikas

کارگر ساختمانی

statybininkas

مهندس

inžinierius

قصاب

mėsininkas

لوله کش

santechnikas

پستچی

paštininkas

سرباز

kareivis

معمار

architektas

صندوقدار

kasininkas

گل فروش

gėlininkas

آرایشگر

kirpėjas

مامور کنترل بلیط در قطار

konduktorius

مکانیک

mechanikas

ناخدا

kapitonas

دندانپزشک

odontologas

دانشمند

mokslininkas

عالم یهودی

rabinas

امام

imamas

راهب

vienuolis

کشیش

kunigas

ابزارآلات

įrankiai

چکش
plaktukas
انبردست
replės
پیچ گوشتی
atsuktuvas
آچار
raktas
چراغ قوه
suvirinimo apara

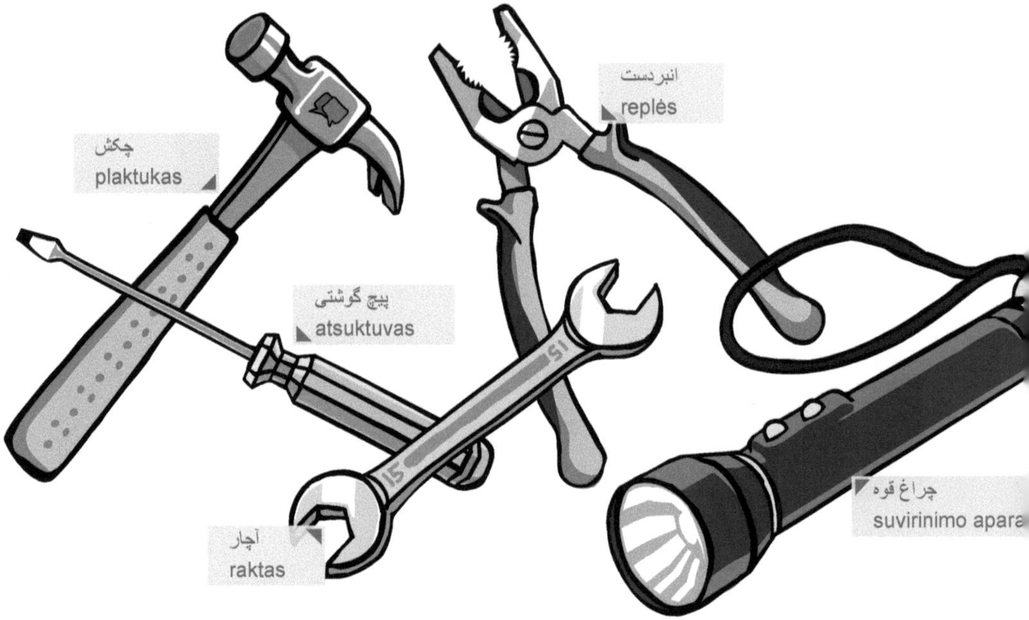

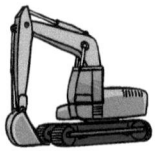

بیل مکانیکی

ekskavatorius

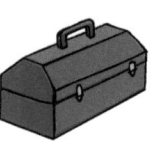

جعبه ابزار

įrankių dėžė

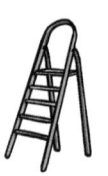

نردبان

kopėčios

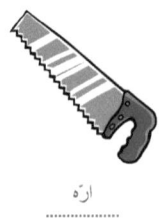

ارّه

pjūklas

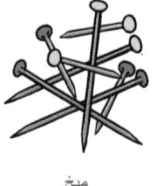

میخ

vinys

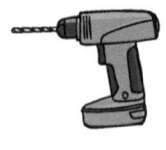

مته

grąžtas

تعمیر کردن

taisyti

بیل

kastuvas

لعنتی!

Velniava!

خاک انداز

semtuvėlis

سطل رنگرزی

dažų skardinė

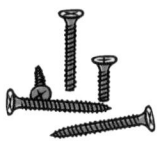

پیچ

varžtai

آلات موسیقی
muzikos instrumentai

درامز
būgnų rinkinys

بلندگو
garsiakalbis

گیتار
gitara

کنترباس
kontrabosas

ترومپت
trimitas

پیانو

pianinas

ویولن

smuikas

گیتار بیس

bosinė gitara

تیمپانی

timpanas

طبل

būgnai

کیبورد الکتریک

sintezatorius

ساکسیفون

saksofonas

فلوت

fleita

میکروفون

mikrofonas

باغ وحش

zoologijos sodas

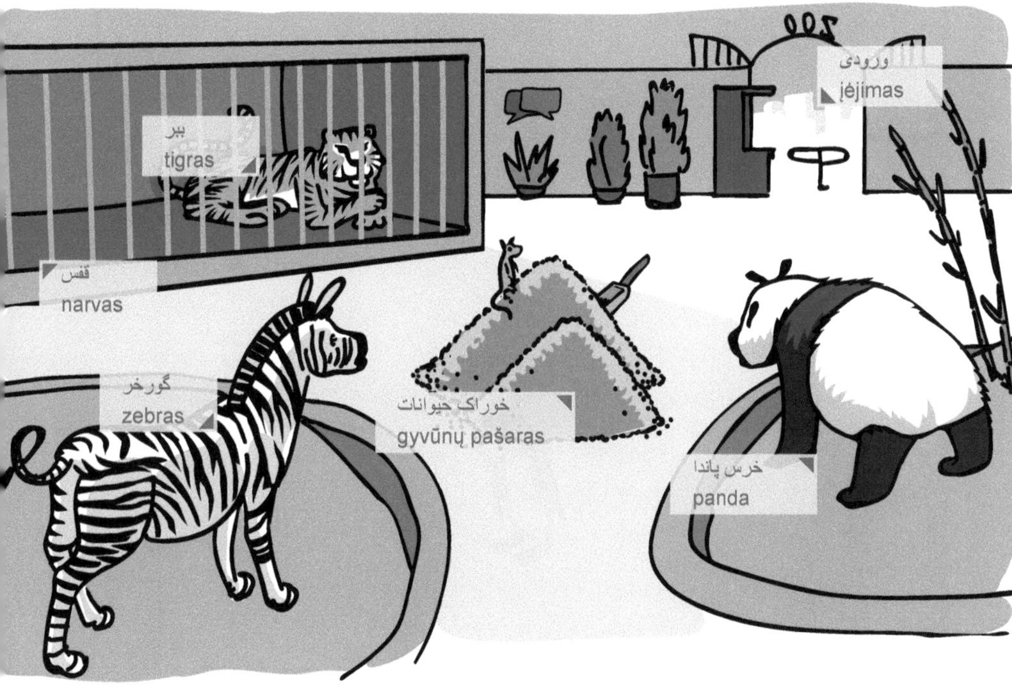
ببر
tigras
ورودی
įėjimas
قفس
narvas
گورخر
zebras
خوراک حیوانات
gyvūnų pašaras
خرس پاندا
panda

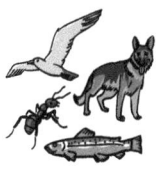

حیوانات

gyvūnai

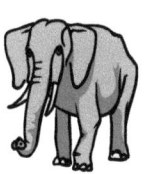

فیل

dramblys

کانگورو

kengūra

کرگدن

raganosis

گوریل

gorila

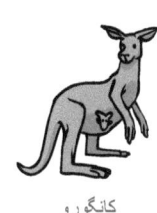

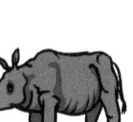

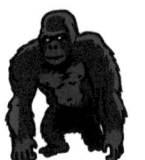

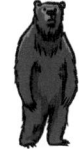

خرس

meška

شتر

kupranugaris

شترمرغ

strutis

شیر

liūtas

میمون

beždžionė

فلامینگو

flamingas

طوطی

papūga

خرس قطبی

baltoji meška

پنگوئن

pingvinas

کوسه

ryklys

طاووس

povas

مار

gyvatė

تمساح

krokodilas

نگهبان باغ وحش

zoologijos sodo prižiūrėtojas

خوک آبی

ruonis

پلنگ امریکایی

jaguaras

اسب کوچک

ponis

پلنگ

leopardas

اسب آبی

begemotas

زرافه

žirafa

عقاب

erelis

گراز

šernas

ماهی

žuvis

لاک پشت

vėžlys

شیرماهی

vėplys

روباه

lapė

غزال

gazelė

فوتبال آمریکایی
amerikietiškas futbolas

دوچرخه سواری
dviračių sportas

تنیس
tenisas

بسکتبال
krepšinis

شنا
plaukimas

بوکس
boksas

هاکی روی یخ
ledo ritulys

فوتبال
futbolas

بدمینتون
badmintonas

دوومیدانی
atletika

هندبال
rankinis

اسکی
slidinėjimas

پولو
polas

فعاليت ها

užsiėmimai

خنديدن
juoktis
پريدن
šokinėti
بغل کردن
apkabinti
راه رفتن
vaikščioti
آواز خواندن
dainuoti
رؤيا ديدن
svajoti
دعا کردن
melstis
بوسيدن
bučiuoti

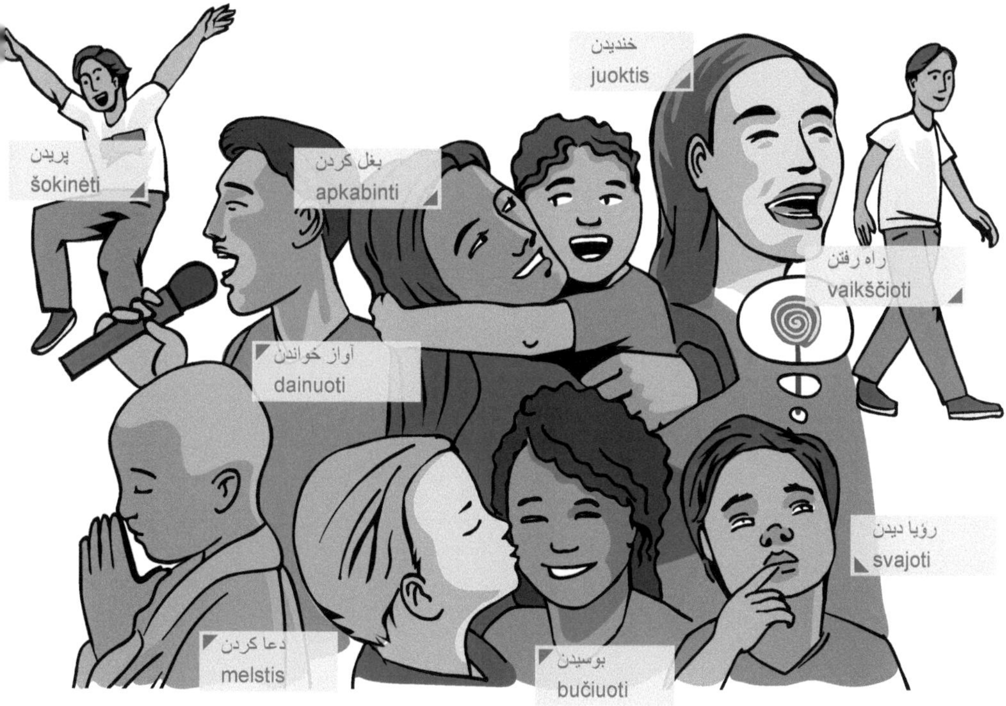

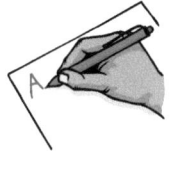

A

نوشتن
rašyti

رسم کردن
piešti

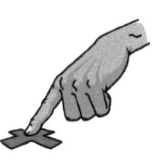

نشان دادن
rodyti

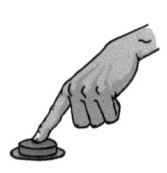

هل دادن
stumti

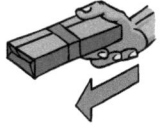

دادن
duoti

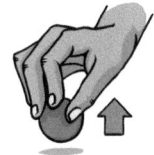

برداشتن
imti

داشتن

turėti

انجام دادن

daryti

بودن

būti

ایستادن

stovėti

دویدن

bėgti

کشیدن

traukti

پرتاب کردن

mesti

افتادن

kristi

دراز کشیدن

meluoti

منتظر بودن

laukti

حمل کردن

nešti

نشستن

sėdėti

لباس پوشیدن

rengtis

خوابیدن

miegoti

بیدار شدن

pabusti

تماشا کردن

žiūrėti

گریه کردن

verkti

نوازش کردن

glostyti

شانه کردن

šukuoti

حرف زدن

kalbėti

فهمیدن

suprasti

پرسیدن

paklausti

شنیدن

klausytis

آشامیدن

gerti

خوردن

valgyti

مرتب کردن

tvarkytis

عاشق بودن

mylėti

پختن

gaminti

رانندگی کردن

vairuoti

پرواز کردن

skristi

قایقرانی کردن

buriuoti

محاسبه کردن

skaičiuoti

خواندن

skaityti

یاد گرفتن

mokytis

کار کردن

dirbti

ازدواج کردن

vesti

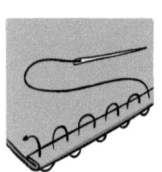

دوختن

siūti

مسواک زدن

valytis dantis

کشتن

žudyti

سیگار کشیدن

rūkyti

فرستادن

siųsti

خانواده
šeima

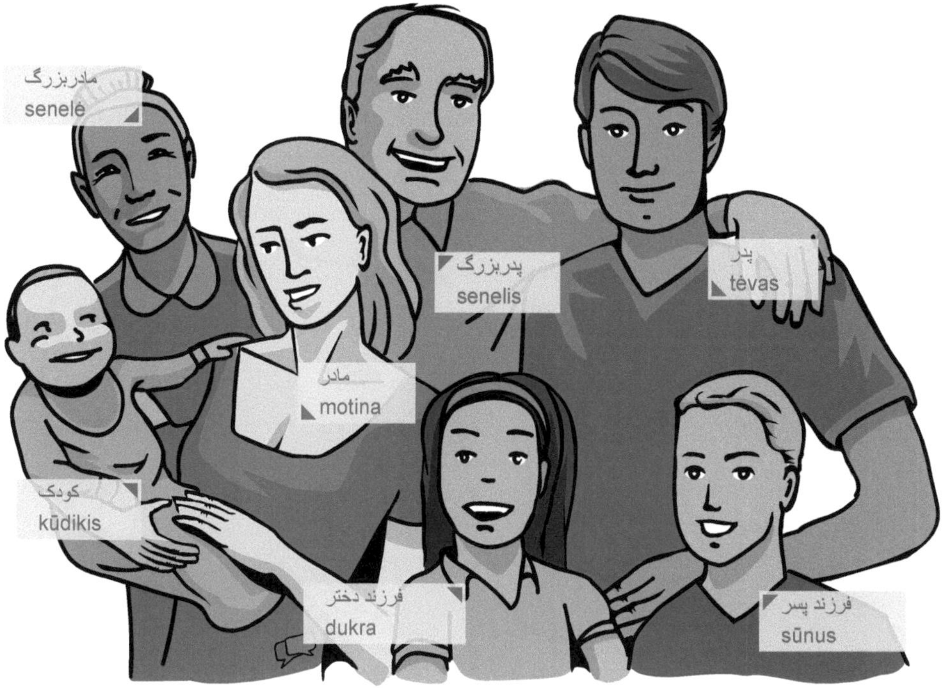

مادربزرگ
senelė
پدربزرگ
senelis
پدر
tėvas
مادر
motina
کودک
kūdikis
فرزند دختر
dukra
فرزند پسر
sūnus

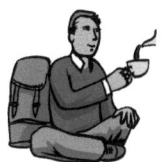

مهمان

svečias

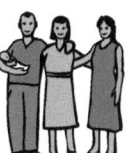

خاله، عمه

teta

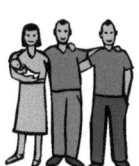

دایی، عمو

dėdė

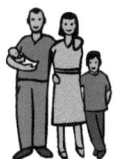

برادر

brolis

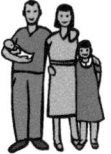

خواهر

sesuo

بدن

kūnas

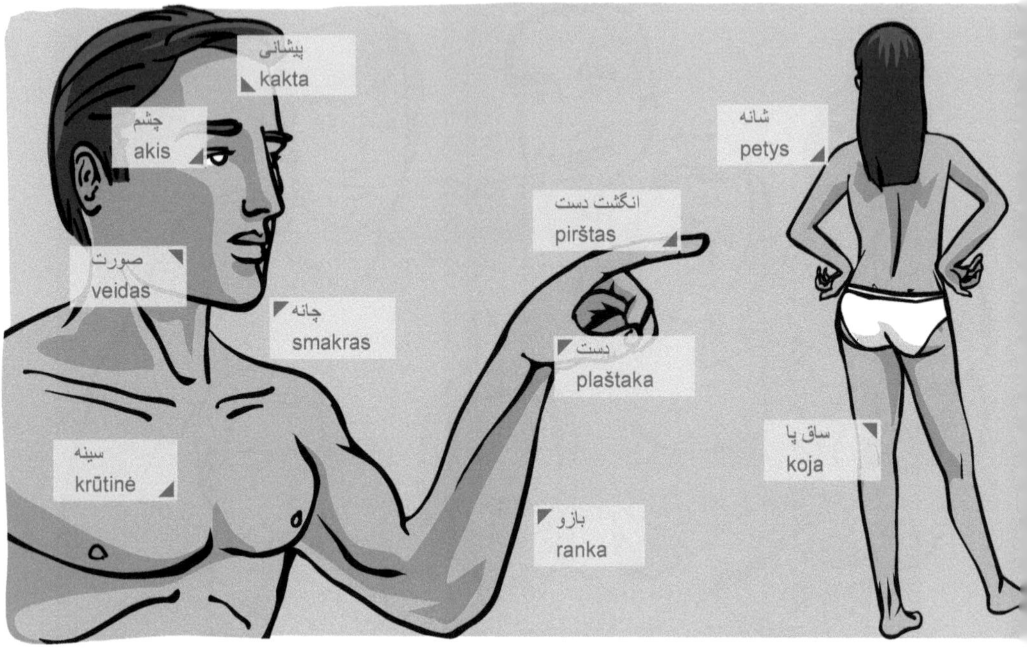

پیشانی
kakta

چشم
akis

صورت
veidas

چانه
smakras

سینه
krūtinė

انگشت دست
pirštas

دست
plaštaka

شانه
petys

ساق پا
koja

بازو
ranka

کودک

kūdikis

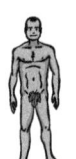

مرد

vyras

زن

moteris

دخترچه

mergaitė

پسربچه

berniukas

کله

galva

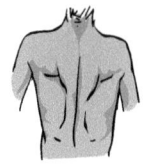

کمر

nugara

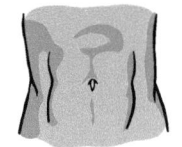

شکم

pilvas

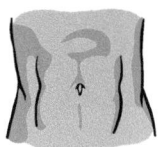

ناف

bamba

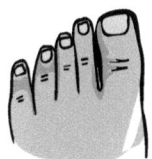

انگشت پا

kojos pirštas

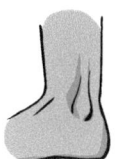

پاشنه

kulnas

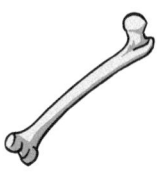

استخوان

kaulas

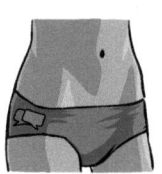

لگن

klubas

زانو

kelis

آرنج

alkūnė

بینی

nosis

نشیمنگاه

sėdmenys

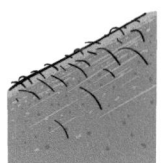

پوست

oda

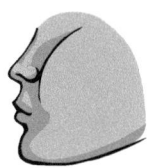

گونه

skruostas

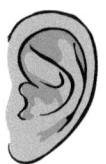

گوش

ausis

لب

lūpa

دهان
....
burna

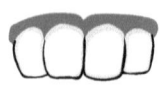

دندان
....
dantis

زبان
....
liežuvis

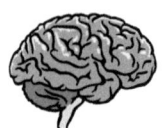

مغز
....
smegenys

قلب
....
širdis

عضله
....
raumuo

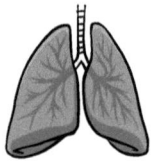

ریه
....
plaučiai

کبد
....
kepenys

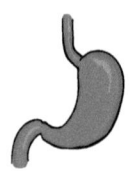

معده
....
skrandis

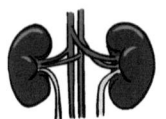

کلیه
....
inkstai

آمیزش جنسی
....
seksas

کاندوم
....
prezervatyvas

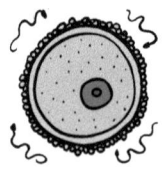

تخمک
....
kiaušialąstė

اسپرم
....
sperma

حاملگی
....
nėštumas

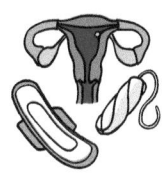

پریود

menstruacijos

واژن

makštis

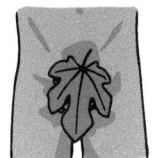

آلت تناسلی مرد

varpa

ابرو

antakis

مو

plaukai

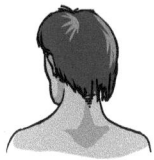

گردن

kaklas

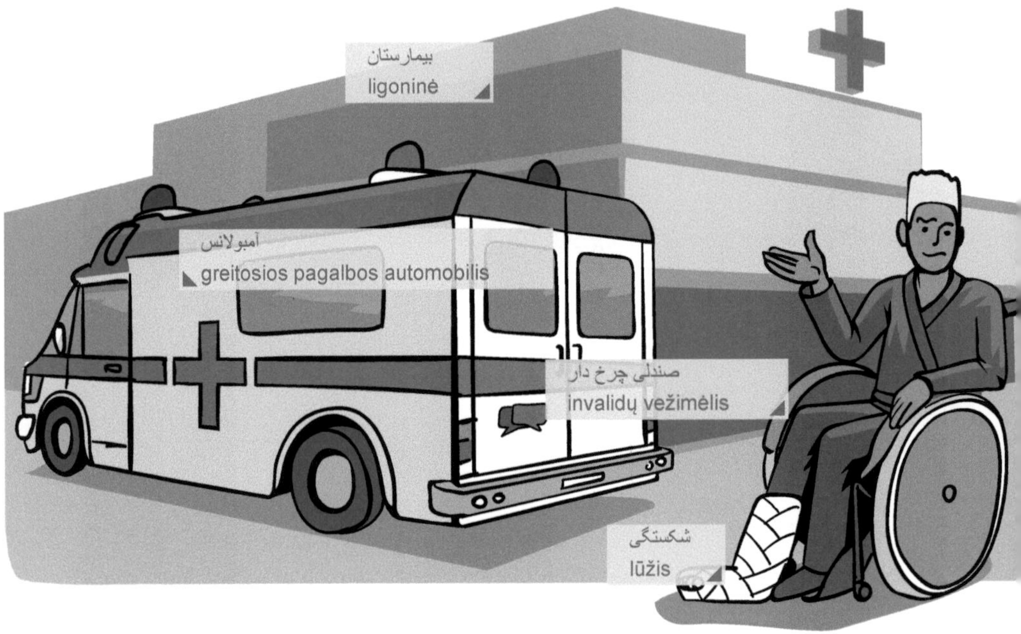

بیمارستان
ligoninė

آمبولانس
greitosios pagalbos automobilis

صندلی چرخ دار
invalidų vežimėlis

شکستگی
lūžis

دکتر

gydytojas

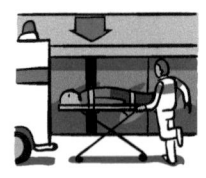

بخش اورژانس

skubios pagalbos skyrius

پرستار

slaugytoja

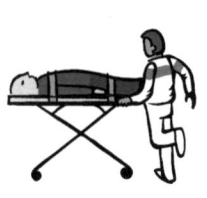

موقعیت اضطراری

nelaimingas atsitikimas

بی هوش

be sąmonės

درد

skausmas

مصدومیت

sužalojimas

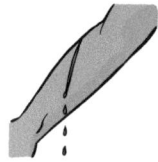

خونریزی

kraujavimas

سکته قلبی

širdies smūgis

سکته مغزی

insultas

آلرژی

alergija

سرفه

kosulys

تب

karščiavimas

أنفولانزا

gripas

اسهال

viduriavimas

سردرد

galvos skausmas

سرطان

vėžys

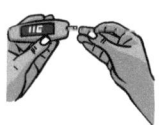

دیابت

diabetas

جراح

chirurgas

چاقوی جراحی

skalpelis

عمل جراحی

operacija

سی تی اسکن

KT

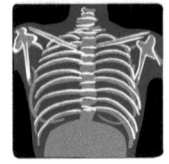

پرتونگاری

rentgenas

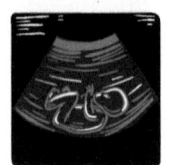

سونوگرافی

ultragarsas

ماسک صورت

veido kaukė

بیماری

liga

اتاق انتظار

laukiamasis

چوب زیر بغل

ramentas

چسب زخم

gipsas

پانسمان

tvarstis

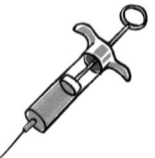

تزریق

injekcija

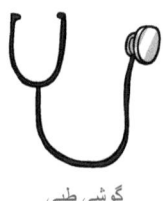

گوشی طبی

stetoskopas

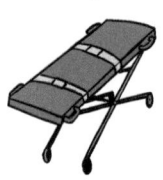

برانکار

neštuvai

دماسنج

termometras

زایش

gimimas

اضافه وزن

antsvoris

سمعک

klausos aparatas

ماده ضد غفونی کننده

dezinfekavimo priemonė

عفونت

infekcija

ویروس

virusas

اچ آی وی / ایدز

ŽIV / AIDS

دارو

vaistas

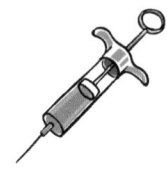

واکسیناسیون

skiepijimas

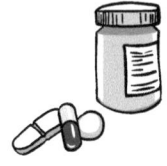

قرص

tabletės

قرص ضد حاملگی

piliulė

تماس اظطراری

skubios pagalbos numeris

دستگاه اندازه گیری فشارخون

kraujospūdžio matuoklis

مریض / سالم

ligotas / sveikas

کمک!

Padėkite!

آژیر خطر

pavojaus signalas

حمله

užpuolimas

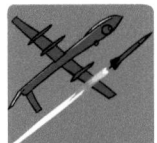

حمله ی فیزیکی

ataka

خطر

pavojus

خروج اظطراری

avarinis išėjimas

آتش

Gaisras!

کپسول آتش‌نشانی

gesintuvas

تصادف

nelaimingas atsitikimas

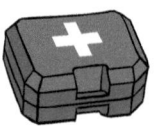

جعبه کمک های اولیه

pirmosios pagalbos rinkinys

درخواست کمک

SOS

پلیس

policija

اروپا

Europa

آمریکای شمالی

Šiaurės Amerika

آمریکای جنوبی

Pietų Amerika

آفریقا

Afrika

آسیا

Azija

استرالیا

Australija

اقیا نوس اطلس

Atlanto vandenynas

اقیانوس آرام

Ramusis vandenynas

اقیانوس هند

Indijos vandenynas

اقیا نوس اطلس جنوبی

Pietų vandenynas

اقیانوس منجمد شمالی

Arkties vandenynas

قطب شمال

Šiaurės ašigalis

قطب جنوب

Pietų ašigalis

قاره قطب جنوب

Antarktida

كره زمين

Žemė

سرزمين

sausuma

دريا

jūra

جزيره

sala

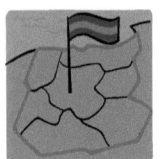

ملت

tauta

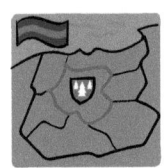

كشور

valstybė

صفحه ى ساعت

ciferblatas

ساعت شمار

valandinė rodyklė

دقیقه شمار

minutinė rodyklė

ثانیه شمار

sekundinė rodyklė

ساعت چند است؟

Kiek valandų?

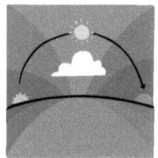

روز

diena

زمان

laikas

اکنون

dabar

ساعت دیجیتال

skaitmeninis laikrodis

دقیقه

minutė

ساعت

valanda

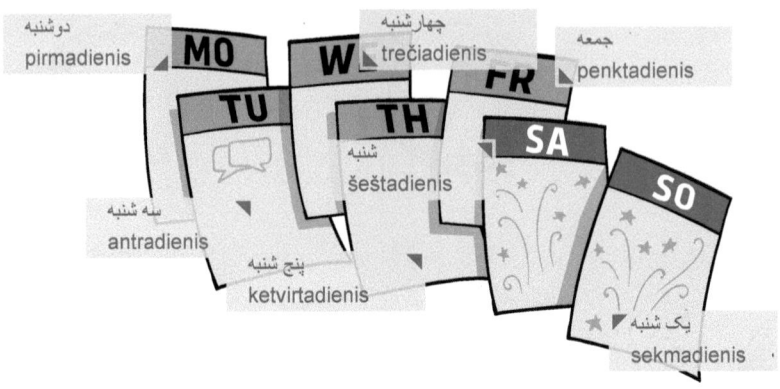

دوشنبه
pirmadienis

چهارشنبه
trečiadienis

جمعه
penktadienis

سه شنبه
antradienis

شنبه
šeštadienis

پنج شنبه
ketvirtadienis

یک شنبه
sekmadienis

دیروز
vakar

امروز
šiandien

فردا
rytoj

صبح
rytas

ظهر
vidurdienis

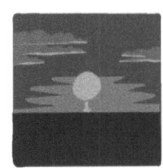

غروب
vakaras

روزهای کاری
darbo dienos

آخر هفته
savaitgalis

سال

metai

باران
lietus
رنگین کمان
vaivorykštė
برف
sniegas
باد
vėjas
بهار
pavasaris
پاییز
ruduo
تابستان
vasara
زمستان
žiema

4.APRIL 11°
5.APRIL 4°
6.APRIL 13°
7.APRIL 8°
8.APRIL 10°

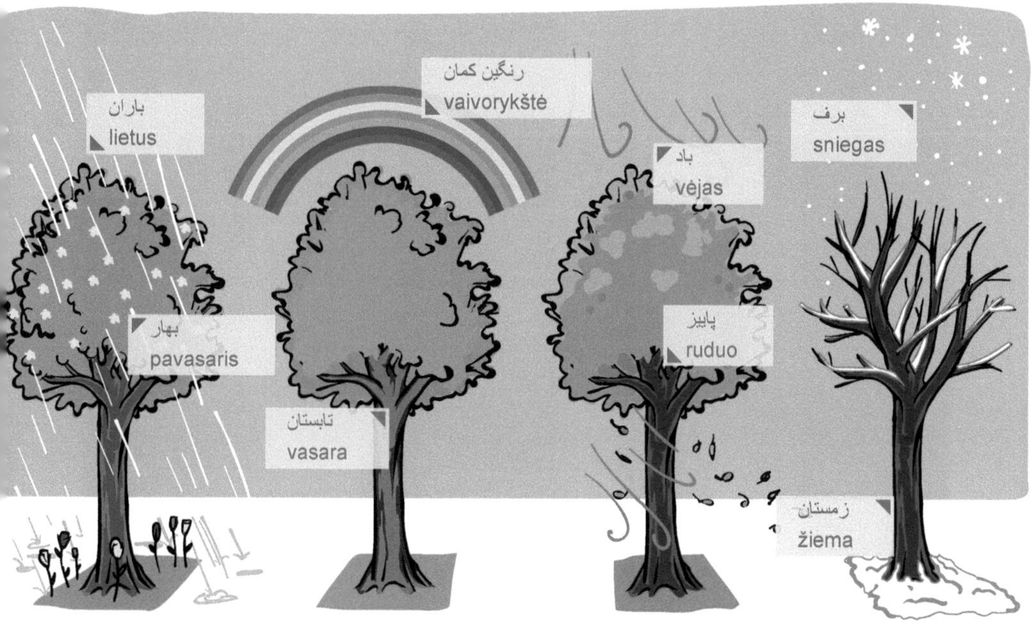

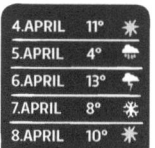

پیش‌بینی اوضاع جوی

orų prognozė

F C
120 40
90 30
60 20
30 10
0 0
-30 -10
-20

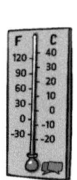

دماسنج

lauko termometras

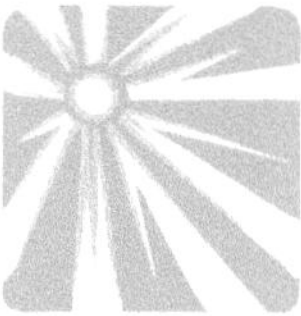

تابش آفتاب

saulės šviesa

ابر

debesis

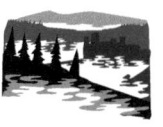

مِه

rūkas

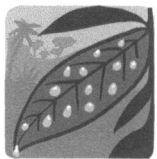

رطوبت هوا

drėgmė

صاعقه

žaibas

آسمان غره

griaustinis

طوفان

audra

تگرگ

kruša

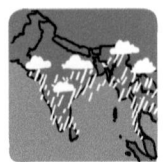

باد موسمی

musonas

سیل

potvynis

یخ

ledas

ژانویه

sausis

فوریه

vasaris

مارس

kovas

آوریل

balandis

مه

gegužė

ژوئن

birželis

ژوئیه

liepa

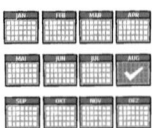

أگوست

rugpjūtis

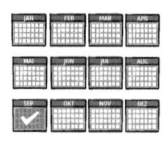

سپتامبر
....
rugsėjis

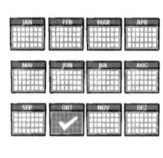

اكتبر
....
spalis

نوامبر
....
lapkritis

دسامبر
....
gruodis

formos

دايره
....
apskritimas

مربع
....
kvadratas

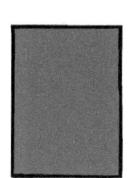

مستطيل
....
stačiakampis

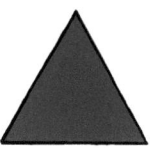

سه گوش
....
trikampis

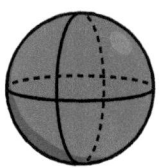

گره
....
sfera

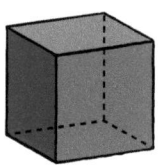

مكعب مربع
....
kubas

سفید

balta

زرد

geltona

نارنجی

oranžinė

صورتی

rožinė

قرمز

raudona

بنفش

violetinė

آبی

mėlyna

سبز

žalia

قهوه ای

ruda

خاکستری

pilka

سیاه

juoda

خیلی / کم

daug / mažai

خشمگین/ آرام

piktas / ramus

زیبا / زشت

gražus / bjaurus

شروع / پایان

pradžia / pabaiga

بزرگ / کوچک

didelis / mažas

روشن / تیره

šviesus / tamsus

برادر / خواهر

brolis / sesuo

تمیز / آلوده

švarus / purvinas

کامل / ناقص

užbaigtas / neužbaigtas

روز / شب

diena / naktis

مرده / زنده

miręs / gyvas

پهن / باریک

platus / siauras

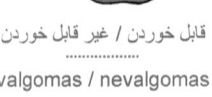

قابل خوردن / غیر قابل خوردن

valgomas / nevalgomas

غضبناک / مهربان

piktas / malonus

هیجان زده / بی حوصله

linksmas / nuobodus

چاق / لاغر

storas / plonas

اولین / آخرین

pirmiausia / paskiausia

دوست / دشمن

draugas / priešas

پر / خالی

pilnas / tuščias

سفت / نرم

kietas / minkštas

سنگین / سبک

sunkus / lengvas

گرسنگی / تشنگی

alkis / troškulys

مریض / سالم

ligotas / sveikas

غیرقانونی / قانونی

nelegalus / legalus

باهوش / خنگ

protingas / kvailas

چپ / راست

kairė / dešinė

نزدیک / دور

arti / toli

نو / استفاده شده

naujas / naudotas

هیچ چیز / چیزی

niekas / kažkas

پیر / جوان

senas / jaunas

روشن / خاموش

jjungta / išjungta

باز / بسته

atidaryta / uždaryta

آهسته / بلند

tylus / garsus

ثروتمند / فقیر

turtingas / vargšas

درست / غلط

teisus / neteisus

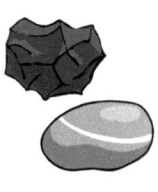

زبر / صاف

šiurkštus / švelnus

غمگین / خوشحال

liūdnas / laimingas

کوتاه / بلند

trumpas / ilgas

کند / تند

lėtas / greitas

تَر / خشک

drėgnas / sausas

گرم / خنک

šiltas / šaltas

جنگ / صلح

karas / taika

0	**1**	**2**
صفر	یک	دو
....	....	....
nulis	vienas	du

3	**4**	**5**
سه	چهار	پنج
....	....	....
trys	keturi	penki

6	**7**	**8**
شش	هفت	هشت
....	....	....
šeši	septyni	aštuoni

9	**10**	**11**
نه	دَه	یازده
....	....	....
devyni	dešimt	vienuolika

12
دوازده
dvylika

13
سیزده
trylika

14
چهارده
keturiolika

15
پانزده
penkiolika

16
شانزده
šešiolika

17
هفده
septyniolika

18
هجده
aštuoniolika

19
نوزده
devyniolika

20
بیست
dvidešimt

100
صد
šimtas

1.000
هزار
tūkstantis

1.000.000
میلیون
milijonas

انگلیسی

anglų

انگلیسی آمریکایی

amerikiečių anglų

چینی ماندارین

kinų (mandarinų)

هندی

hindi

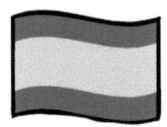

اسپانیایی

ispanų

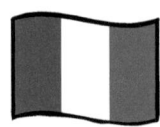

فرانسوی

prancūzų

عربی

arabų

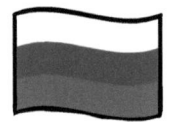

روسی

rusų

پرتغالی

portugalų

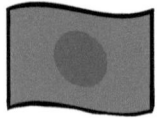

بنگالی

bengalų

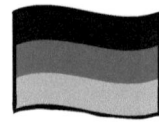

آلمانی

vokiečių

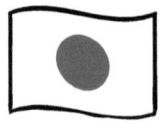

ژاپنی

japonų

من

aš

تو

tu

او

jis / ji

ما

mes

شما

jūs

آنها

jie

چه کسی؟ کی؟

kas?

چی؟

ką?

چگونه؟

kaip?

کجا؟

kur?

کی؟

kada?

نام

vardas

كجا

kur

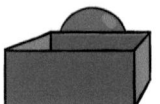

پشت
....
už

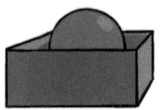

توی
....
kur (vieta)

جلو
....
priešais

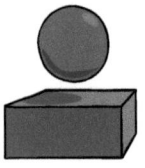

بالای
....
virš

روی
....
ant

زیر
....
po

مجاور
....
prie

بین
....
tarp

مکان
....
vieta